BEI GRIN MACHT SICH IHR WISSEN BEZAHLT

Digitale Medien – Fluch oder Segen? Auswirkungen von digitalen Medien auf verschiedene Lebensbereiche des Menschen

GRIN

Bibliografische Information der Deutschen Nationalbibliothek:

Die Deutsche Nationalbibliothek verzeichnet diese Publikation in der Deutschen Nationalbibliografie; detaillierte bibliografische Daten sind im Internet über http://dnb.d-nb.de abrufbar.

ISBN: 9783346386106
Dieses Buch ist auch als E-Book erhältlich.

Druck und Bindung: Books on Demand GmbH, Norderstedt Germany
Gedruckt auf säurefreiem Papier aus verantwortungsvollen Quellen

Das vorliegende Werk wurde sorgfältig erarbeitet. Dennoch übernehmen Autoren und Verlag für die Richtigkeit von Angaben, Hinweisen, Links und Ratschlägen sowie eventuelle Druckfehler keine Haftung.

Das Buch bei GRIN: https://www.grin.com/document/1004686

FOM Hochschule für Oekonomie & Management Essen

Standort Hannover

Berufsbegleitender Studiengang zum

Master of Science in IT-Management

2. Semester

Seminararbeit in dem Modul Interdisziplinäre Aspekte der Wirtschaftsinformatik

Titel der Arbeit:

Digitale Medien – Fluch oder Segen? Auswirkungen von digitalen Medien auf verschiedene Lebensbereiche des Menschen

Abgabedatum: 28.08.2020

I. Inhaltsverzeichnis

II.   Abbildungsverzeichnis

III. Abkürzungsverzeichnis

IV.   Formel- und Symbolverzeichnis

Symbole der Formel 1

Q_p = Quantil (Q) und der Prozentwert (p)

x_n = Stichprobenumfang

Symbole der Formel 2

IQR = Interquartilsabstand

Q_{75} = Wert des 0,75-Quantils

Q_{25} = Wert des 0,25-Quantils

1. Einleitung

1.1 Motivation und Relevanz des Themas für das Modul Interdisziplinäre Aspekte der Wirtschaftsinformatik

Die tägliche Nutzung von Smartphones, die zunehmende Begeisterung von Menschen für Online-Dienste und die damit verbundene Konfrontation mit diversen Informationen innerhalb sozialer Netzwerke stehen exemplarisch für einige Gegebenheiten, die in der heutigen Gesellschaft zu beobachten sind.[1] Die dadurch implizierte Weiterentwicklung der Informationsgesellschaft hat die Notwendigkeit einer kritischen Betrachtung von digitalen Medien stark an Bedeutung gewinnen lassen, sodass in der heutigen Zeit eine vorhandene Medienkompetenz zur Hinterfragung der Potenziale und Anwendungsmöglichkeiten digitaler Medien erforderlich ist.[2] Der Mensch ist als Teil dieser Gesellschaft permanent auf den Empfang dieser unzähligen Informationen ausgerichtet und kann mit der Verarbeitung gegebenenfalls überfordert sein.[3] Angesichts der uneingeschränkten Zugänglichkeit sowie der penetranten Verbreitung von Informationen behandelt die vorliegende Seminararbeit die Auswirkungen von digitalen Medien auf verschiedene Lebensbereiche des Menschen.[4] Das Thema dieser Seminararbeit wird vor dem Hintergrund des Moduls „Interdisziplinäre Aspekte der Wirtschaftsinformatik" verfasst, weshalb zur Themenbehandlung verschiedene Erkenntnisse aus dem Fachgebiet der Psychologie und Statistik angewendet werden.

1.2 Zielsetzung und Vorgehensweise

Ausgehend von der aufgezeigten Relevanz erforderlicher Medienkompetenz wirft sich an dieser Stelle die Frage auf, inwiefern die digitalen Medien das Leben eines Menschen beeinflussen. Die Beantwortung dieser Frage erfolgt in dieser Seminararbeit durch die Anwendung des „Balance model of positive psychotherapy"[5] von dem Psychotherapeuten Nossrat Peseschkian. Die Themenbehandlung erfolgt unter Berücksichtigung von praktischen und wissenschaftlichen Erkenntnissen sowie Methoden wie die Quellenanalyse. Für diese Seminararbeit ergeben sich somit die folgenden Forschungsfragen:

---

[1] Vgl. *Lünendonk, J., Zillmann M.*, 2015, S. 4; S. 28; *Brecher, T.* et al., 2016, S. 161-164.
[2] Vgl. *Simon, M.*, 2017, S. 99 f; *Hauk, D.*, 2016, S. 153.
[3] Vgl. *Krotz, F.*, 2019, S. 14; *Bak, P.M.*, 2020, S. 12 f.
[4] Vgl. *Hagendorff, T.*, 2016, S. 227; *Wendt, K.*, 2015, S. 76.
[5] Vgl. *Peseschkian, H., Remmers, A.*, 2020, S. 18.

- Welche Lebensbereiche eines Menschen werden wie durch digitale Medien beeinflusst?
- Sind digitale Medien ein Fluch oder Segen?

Für das Erzielen des erstrebten Forschungsergebnisses werden zunächst die theoretischen Grundlagen über digitale Medien und dem Lifebalance Modell nach Dr. Peseschkian erläutert. Die theoretischen Grundlagen umfassen eine Abgrenzung der Begriffe „digitale Medien" und „Lifebalance", wobei auch der Aufbau des Lifebalance Modells behandelt wird. Nach einer einführenden Vorstellung der Vorgehensweise bei der Datenerhebung wird im Rahmen einer empirischen Studie eine Analyse zur Bedeutung digitaler Medien in der heutigen Lebenswelt hinsichtlich der Nutzungsgewohnheiten durchgeführt. Auf Basis der aus der empirischen Studie ermittelten Informationen werden die Auswirkungen auf die Lebensbereiche des Menschen anhand des Lifebalance Modells nach Dr. Peseschkian dargelegt. Mittels der konstatierten Ergebnisse werden die Forschungsfragen beantwortet. Das Fazit wird den Abschluss dieser Ausarbeitung darstellen und das Gesamtergebnis aufzeigen.

2. Theoretische Grundlagen
2.1 Digitale Medien
2.1.1 Definition und Begriffsabgrenzung von „Medien"

Für ein besseres Verständnis über die Zusammenhänge der Auswirkungen von digitalen Medien auf die Lebensbereiche des Menschen bedarf der Begriff „Medium" eine Definition und Abgrenzung. Der Begriff Medium mit der lateinischen Übersetzung „Mitte, Mittel, etwas Vermittelndes" bezeichnet in der Medienwissenschaft grundsätzlich ein Kommunikationsmittel zur Informationsübertragung.[6] Die Medien dienen der Speicherung, Verarbeitung und Darstellung von Daten, aus denen Informationen gewonnen werden können.[7] Die Kommunikationsmittel werden nach dem heutigen Forschungsstand zwischen Primär-, Sekundär- und Tertiärmedien differenziert, wobei in diesem Zusammenhang ein gegebener Technikeinsatz auf Sender- und Empfängerseite als Unterscheidungskriterium herangezogen wird. Zu den Primärmedien gehören alle Kommunikationsmittel, bei denen der Absender zur Informationsübertragung keine technischen Hilfsmittel benötigt und die Vermittlung von Informationen ohne Technikeinsatz erfolgt. Dazu zählen die Formen des menschlichen Elemen-

---

[6] Vgl. *Dreiskämpfer, T.*, 2018, S. 36; *Maehner, J.*, 2012, S. 16.
[7] Vgl. hierzu und zum Folgenden *Garncarz, J.*, 2016, S. 17-19; *Schaumburg, H., Prasse, D.*, 2019, S. 18 f.

tarkontaktes wie beispielsweise die Sprache, Gestik, Mimik und auch die Handschrift. Unter den Sekundärmedien werden Kommunikationsmittel verstanden, die einen Technikeinsatz auf Seiten des Absenders, nicht aber auf Seiten des Empfängers erfordern. Dazu zählen Printmedien wie Zeitschriften, Bücher und Bilder. Als Tertiärmedien werden Geräte bezeichnet, die zur erfolgreichen Kommunikation einen Technikeinsatz auf der Sender- und Empfängerseite erfordern. Hierunter sind Medien wie das Telefon, Radio und Fernseher zu verstehen.

2.1.2 Digitale Medien und Onlinemedien

Digitale Medien sind sehr eng mit den Onlinemedien verzahnt.[8] Digitale Medien sind Kommunikationsmittel, die auf Basis der Computertechnologie diversen Content digitalisieren und für deren Speicherung, Verarbeitung, Distribution und Darstellung zuständig sind.[9] Dieser Content umfasst wie im vorherigen Kapitel bereits erwähnt Fakten über die Sprache, Gestik, Mimik, Schrift und Bild, die durch die elektronischen Medien digital wiedergegeben und verbreitet werden. Der Begriff „digital" bezieht sich auf das binäre Zahlensystem, mit dem für die Zahlendarstellung lediglich zwei verschiedene Ziffern, die diskreten Zustände von 0 und 1, benötigt werden.[10] Die Computersysteme als Medien interpretieren wiederum die binären Daten als digitale Information, weshalb die Computersysteme als digitale Medien bezeichnet werden. Zu den digitalen Medien zählen u.a. Smartphones, e-Books, PC's und Spielekonsolen. Neben den digitalen Medien bezeichnet der Begriff „Onlinemedien" alle Kommunikationsmittel, die im Internet in Form von Onlinediensten verfügbar gemacht und somit digitalisiert werden.[11] Hierzu zählen insbesondere Internetseiten, Chat, E-Mail, Messenger, Online-Games, Netzpublikationen und Video-on-Demand. Die klassischen Printmedien wie Zeitungen werden beispielsweise zunehmend durch Netzpublikationen wie Internet-Zeitungen ersetzt, während die Primärmedien als Form des menschlichen Elementarkontaktes ebenfalls durch Videochats digitalisiert werden.[12] Schlussendlich ist festzuhalten, dass mit den digitalen Medien wie bspw. ein Smartphone der Zugang zu Onlinemedien wie Whatsapp ermöglicht wird.

---

[8] Vgl. *Richter, S.D., Schindler, W.,* 2018, S. 50; *Langer, E.,* 2020, S. 6 f.
[9] Vgl. *Garncarz, J.,* 2016, S. 17-19; *Schaumburg, H., Prasse, D.,* 2019, S. 18 f.
[10] Vgl. hierzu und zum Folgenden *Siemers, C., Sikora, A.,* 2014, S. 22.
[11] Vgl. hierzu und zum Folgenden *Dreiskämpfer, T.,* 2018, S. 532.
[12] Vgl. hierzu und zum Folgenden *Bergmann, B.,* 2019, S. 305; *Richter, S.D., Schindler, W.,* 2018, S. 50.

2.2 Lifebalance Modell nach Nossrat Peseschkian

2.2.1 Modellannahmen und Abgrenzung des Begriffs „Balance"

Das Lifebalance Modell wurde von dem deutschen Neurologen, Psychiater und Psychotherapeuten Prof. Dr. med. Nossrat Peseschkian begründet und beschreibt vier Lebensbereiche, in denen sich das Leben eines Menschen abspielt.[13] Dieses Modell wird im Rahmen von psychotherapeutischen Behandlungen verwendet mit dem Ziel, dem zu behandelnden Patienten ein Bewusstsein für die Möglichkeiten zum Erreichen des Zustands der Zufriedenheit mit dem eigenen Leben zu schaffen. Für die Zielerreichung sieht das Modell die Herstellung einer Balance zwischen den Lebensbereichen vor, indem der Patient durch die Behandlung dabei unterstützt wird, seine eigenen Ressourcen zu erkennen und dementsprechend zu mobilisieren. Nach dem Verständnis von Dr. Peseschkian ist die Herstellung einer Balance dynamisch und meint eine qualitative Ausgewogenheit zwischen den verschiedenen Lebensbereichen, da die Zuteilung von Aufmerksamkeit für die Lebensbereiche mit einer gleichen Zeitdauer nicht möglich ist. Schließlich sind die meisten Menschen an einem Arbeitsvertrag mit vorgegebener Arbeitszeit gebunden, sodass eine Zuwendung von Aufmerksamkeit für die verschiedenen Lebensbereiche mit gleicher Zeitdauer nicht möglich ist. Im Rahmen des Lifebalance Modells bedeutet der Begriff „Balance" dementsprechend nicht die Schaffung eines Gleichgewichts im Sinne einer quantitativ gewichteten Balance, sondern einer qualitativen, verhältnismäßigen Ausgeglichenheit.

2.2.2 Die vier Säulen des Lifebalance Modells

Wie im vorherigen Kapitel erläutert wurde, handelt es sich bei dem Balancebegriff um einen qualitativ-dynamischen Ausgleich zwischen den Lebensbereichen. Nun geht es um die Frage, welche Bereiche im menschlichen Leben wichtig sind, um Glück und Zufriedenheit zu finden und ein erfülltes Leben zu führen. Herr Peseschkian hat sich in seinen Forschungen in 16 verschiedenen Kulturkreisen mit dieser Frage beschäftigt.[14] Das Ergebnis seiner Untersuchungen sind wie in der Abbildung 1 dargestellt vier Bereiche, die den persönlichen Lebenserfolg der Menschen tragen und prägen.

---

[13] Vgl. hierzu und zum Folgenden *Peseschkian, H., Remmers, A.*, 2020, S. 18.
[14] Vgl. hierzu und zum Folgenden *Peseschkian, H., Remmers, A.*, 2020, S. 18.

Abbildung 1 - Das Lifebalance Modell von Dr. Peseschkian[15]

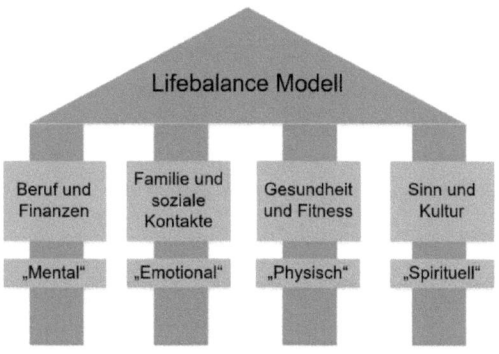

Das Lifebalance Modell definiert vier Lebensbereiche: Der erste Lebensbereich „Beruf und Finanzen" bezieht sich auf die beruflichen Leistungen und sonstigen Verpflichtungen, die ein Mensch in der Regel bewerkstelligen muss.[16] Dazu zählen Aspekte wie Arbeit und Leistung, Erfolg und Karriere, Vermögen und Wohlstand sowie Haushaltspflichten wie Gartenarbeit. Der zweite Lebensbereich „Familie und soziale Kontakte" bezieht sich auf die Existenz des Menschen als Teil einer Gesellschaft und umfasst somit Beziehungen und Kontaktstile mit Partnern, Familien, Freunden, Bekannten und Fremden sowie sozialen und politischen Engagements. Der dritte Lebensbereich „Gesundheit und Fitness" betrifft alle mit dem Körper im Zusammenhang stehende Aktivitäten und Wahrnehmungen wie Ernährung, Bewegung, Sexualität, Schlaf, Entspannung, Aussehen und Kleidung. Der vierte und damit letzte Lebensbereich „Sinn und Kultur" betrifft alle Dinge und Überlegungen, die aus der Abstraktion des Seins bzw. aus der gedanklichen Auseinandersetzung mit der Existenz resultieren. Dazu zählen sowohl Zukunftspläne, Selbstverwirklichung, die Frage nach dem Lebenssinn sowie moralische und ethische Werte als auch religiöse und spirituelle Praktiken. Zusammenfassend beschreibt und verbindet dieses Modell die rational-intellektuellen, sozio-emotionalen, biologisch-physischen und imaginativ-spirituellen Bereiche und Fähigkeiten des Menschen im Alltag. Die Lebensbereiche sind das Markenzeichen der eigenen Persönlichkeit und beeinflussen die Zufriedenheit im Leben, das Selbstwertgefühl und den Umgang mit Konflikten und Herausforderungen. Das Potenzial und die

---

[15] Eigene Darstellung in Anlehnung an *Peseschkian, H., Remmers, A.*, 2020, S. 18.
[16] Vgl. hierzu und zum Folgenden *Peseschkian, H., Remmers, A.*, 2020, S. 18.

Fähigkeiten zur Befriedigung aller vier Bereiche sind nach dem Lifebalance Modell in jedem Menschen vorhanden, wobei einige besonders hervorgehoben und andere durch Unterschiede in der Bildung und Umwelt vernachlässigt werden. Der dynamische Ausgleich der Lebensbereiche erfordert Aktivitäten und Reaktionen auf die herrschenden Umweltzustände, wobei hierbei insbesondere ein hoher Wert auf eine ausgewogene Verteilung von Energie gelegt wird.

3.   Empirische Studie zur Bedeutung digitaler Medien in der heutigen Lebenswelt

3.1 Vorgehensweise bei der Datenerhebung

Die nachstehenden Kapitel sind auf der Grundlage von zwei Langzeitstudien verfasst worden: Die vom „Medienpädagogischen Forschungsverbund Südwest" initiierte JIM-Studie (JIM = Jugend, Information, (Multi-)Media) sowie die „Media Activity Guide-Studie" des Vermarktungsunternehmens SevenOne Media. Diese Datengrundlage wurde während der Sichtung auf relevante Merkmale analysiert, die im Zusammenhang mit dem Thema stehen. Während die jährlich durchgeführte JIM-Studie den Medienumgang von 12- bis 19-Jährigen erforscht, beschäftigt sich die Media Activity Guide-Studie mit den Medienumgang von 14- bis 69-Jährigen.[17] Dementsprechend erforscht die JIM-Studie den Medienumgang von jüngeren Personen, während die SevenOne-Media-Studie sowohl den Medienumgang von jüngeren als auch älteren Personen untersucht. Das Ziel der Studienuntersuchungen ist die Schaffung einer Informationsbasis, die allgemeine Aussagen über die Mediennutzung in den Haushalten Deutschlands erlaubt. Für das angewandte Lebensmodell nach Dr. Peseschkian ist lediglich das allgemeine Mediennutzungsverhalten relevant, da bei der Darlegung der Auswirkungen digitaler Medien auf verschiedene Lebensbereiche des Menschen nicht nach dem Alter differenziert wird. In dieser Seminararbeit wird untersucht, ob trotz verschiedener Studien mit unterschiedlicher Befragungsgrundlage unabhängig vom Alter gleiche Tendenzen zur Mediennutzung und -ausstattung erkennbar sind. Der in dieser Seminararbeit zugrunde gelegte Betrachtungszeitraum erstreckt sich über die Jahre 2014 bis 2019, um so eine Vergleichbarkeit der Entwicklung der Medienausstattung und des Nutzungsverhaltens zu gewährleisten.

---

[17] Vgl. *mpfs*, 2020, o. S.; *SevenOne Media*, 2020, o. S.

3.2 Vergleichskriterien „Kategoriezugehörigkeit" und „Zu- oder Abnahmetrend"

Für die bessere Abschätzung der Medienausstattung und -nutzung in deutschen Haushalten werden die Ergebnisse von zwei Langzeitstudien in jeweils eine Abbildung zusammengetragen. Hierbei werden für ein verständlicheres Abstraktionsniveau die Studienergebnisse hinsichtlich der Vergleichskriterien „Kategoriezugehörigkeit" und „Zu- oder Abnahmetrend" verglichen. Die Kategorieeinteilung der digitalen Medien erfolgt nach dem aus der Statistik kommenden Lagemaß „Quantil", welches die Verteilung der Daten durch das 0,25-Quantil (unteres Quartil) und das 0,75-Quantil (oberes Quartil) veranschaulicht.[18] Das p-Quantil beschreibt den Wert für den gilt, dass ein bestimmter Anteil (25% und 75%) der Daten kleiner oder gleich als dieser Wert ist. Dazu werden für jeweils beide Studien die erhobenen Daten aus dem Jahr 2019 aufsteigend sortiert und das untere und obere Quartil sowie der Interquartilsabstand (IQR) berechnet. Das untere Quartil bildet die Kategorie wenig vorhanden ab, während der Interquartilsabstand die Kategorie durchschnittlich vorhanden und das obere Quartil die Kategorie viel vorhanden darstellt. Da bei beiden Studien jeweils zehn digitale Medien herangezogen wurden, handelt es sich um eine ganzzahlige Stichprobe n=10. Für die Studien wird daher folgende Formel für die Berechnung des oberen und unteren Quartils angewendet:

Formel 1: Berechnung von Quantilen[19]

$$Q_p = \frac{x_{n \cdot p} + x_{n \cdot p + 1}}{2}. \qquad (1)$$

Der Interquartilsabstand ist die Differenz aus dem oberen und dem unteren Quartil und gibt die Breite des Intervalls an, in dem die mittleren 50% der erhobenen Daten liegen:

Formel 2: Berechnung des Interquartilsabstands[20]

$$IQR = Q_{75} - Q_{25}. \qquad (2)$$

---

[18] Vgl. hierzu und zum Folgenden *Völkl, K./ Korb, C.,* 2018, S. 62 ff; *Kosfeld, R., Eckey, H-F., Türck, M.,* 2016, S. 98.

[19] Vgl. *Kosfeld, R.,* 2018, S. 62; *Kosfeld, R., Eckey, H-F., Türck, M.,* 2016, S. 99.

[20] Vgl. *Völkl, K./ Korb, C.,* 2018, S. 91.

1. Aufsteigende Sortierung der Zahlenwerte:

JIM-Studie: 29, 31, 31, 63, 67, 80, 85, 96, 98, 99

Media Activity Guide-Studie: 21, 23, 24, 43, 52, 59, 82, 89, 91, 92

2. Berechnung des 0,25- und 0,75-Quantils sowie des IQRs:

$Q_{25} = \frac{x_{10 \cdot 0,25} + x_{10 \cdot 0,25+1}}{2} = 3.$ Stelle der sortierten Zahlenwerte beider Studien.

$Q_{75} = \frac{x_{10 \cdot 0,75} + x_{10 \cdot 0,75+1}}{2} = 8.$ Stelle der sortierten Zahlenwerte beider Studien.

$IQR = 96 - 31 = 65$ (Beispielrechnung für die Zahlenwerte der JIM-Studie).

Das Vergleichskriterium „Zu- oder Abnahmetrend" wird berechnet, indem die Differenz aus dem jeweiligen Zahlenwert im Jahr 2019 mit dem Zahlenwert im Jahr 2014 des entsprechenden digitalen Mediums gebildet wird. Während ein positives Ergebnis auf einen Zunahmetrend und ein negatives Ergebnis auf einen Abnahmetrend schließen lässt, impliziert ein neutrales Ergebnis 0 keinen Trend bzw. eine Stagnation.

3.3 Digitales Mediennutzungsverhalten

3.3.1 Medienausstattung in deutschen Haushalten

In der Abbildung 2 ist die Medienausstattung deutscher Haushalte von 2014 bis 2019 auf Basis der JIM- und der Media Activity Guide-Studie skizziert und tabellarisch aufgeführt. Zudem ist die Kategoriezugehörigkeit anhand der Farben rot, grün und gelb im Liniendiagramm sowie in der Tabelle zu erkennen. Die Befragungsgrundlage setzt sich bei der JIM-Studie von den Jahren 2014 bis 2019 aus jeweils 1200 Personen zusammen, wobei Familien mit Kindern und Jugendlichen im Alter von zwölf bis 19 Jahren befragt wurden.[21] Bei der Media Activity Guide-Studie wurden ebenfalls rund 1200 Personen im Alter von 14 bis 69 Jahren im zugrunde gelegten Betrachtungszeitraum befragt.[22]

---

[21] Vgl. *mpfs*, 2020, o. S.
[22] Vgl. *SevenOne Media*, 2020, o. S.

Abbildung 2 - Medienausstattung im Haushalt 2014 - 2019[23]

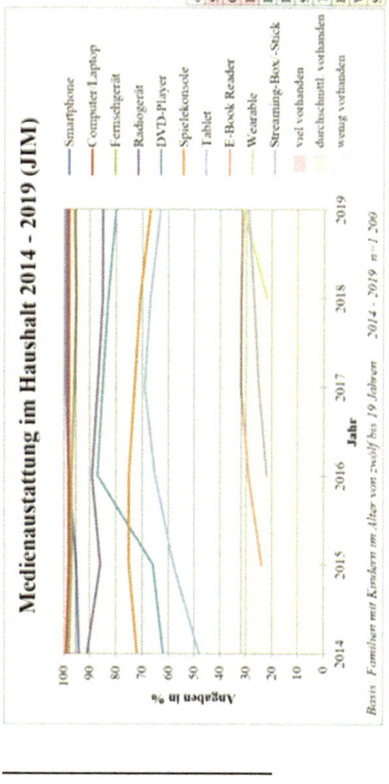

Medienausstattung im Haushalt 2014 - 2019 (JIM)

digitales Medium	2014	2015	2016	2017	2018	2019	Q.75	IQR	Q.25
Smartphone	94	95	98	99	99	99			
Computer Laptop	99	98	98	98	98	98			
Fernsehgerät	98	97	96	96	95	96			
Radiogerät	91	86	89	87	85	85			
DVD-Player	62	66	87	85	83	80			
Spielekonsole	72	75	75	73	71	67			
Tablet	48	58	65	69	67	63			
E-Book Reader	/	24	29	32	32	31			
Wearable	/	/	/	/	22	31			
Streaming-Box-Stick	/	/	22	25	27	29			

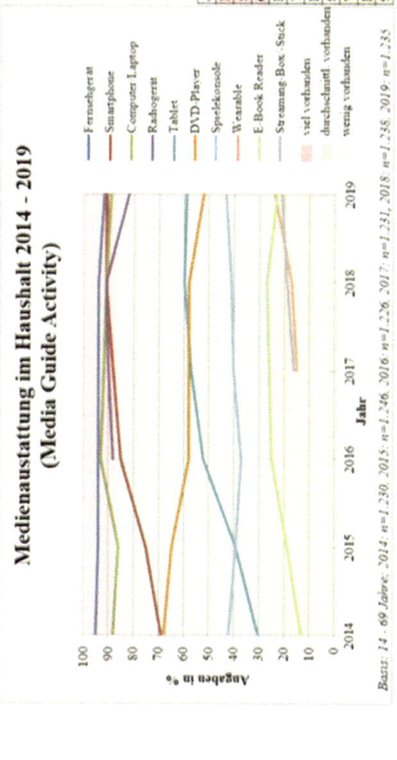

Basis: Familien mit Kindern im Alter von zwölf bis 19 Jahren 2014 - 2019: n=1.200

Medienausstattung im Haushalt 2014 - 2019 (Media Guide Activity)

digitales Medium	2014	2015	2016	2017	2018	2019	Q.75	IQR	Q.25
Fernsehgerät	95	94	94	94	94	92			
Smartphone	69	75	85	88	91	91			
Computer Laptop	88	86	93	92	91	89			
Radiogerät	/	/	88	88	91	82			
Tablet	30	39	52	57	60	59			
DVD-Player	68	65	55	58	58	52			
Spielekonsole	42	39	37	40	41	43			
Wearable	/	/	/	15	17	24			
E-Book Reader	13	19	25	26	27	23			
Streaming-Box-Stick	/	/	16	19	21				

Basis: 14 - 69 Jahre: 2014: n=1.230, 2015: n=1.246, 2016: n=1.226, 2017: n=1.231, 2018: n=1.235, 2019: n=1.235

---

[23] Eigene Darstellung in Anlehnung an *mpfs*, 2020, o. S.; *SevenOne Media*, 2020, o. S.

Ausgehend von der Kategoriezugehörigkeit ist festzustellen, dass sich alle aufgelisteten digitalen Medien bei beiden Studien in derselben Kategorie befinden. So befinden sich die digitalen Medien Smartphone, Computer/Laptop und Fernsehgerät in der roten Kategorie mit der Bedeutung, dass diese in deutschen Haushalten viel vorhanden sind. Während die digitalen Medien Radiogerät, DVD-Player, Spielekonsole und Tablet in der grünen Kategorie liegen und die Haushalte somit durchschnittlich mit diesen Medien ausgestattet sind, befinden sich die tragfähigen Medien (Wearable; bspw. Smartwatch), E-Book Reader und Streaming-Box/-Stick in der gelben Kategorie und sind somit wenig in deutschen Haushalten vorhanden. Hinsichtlich der Kategoriezugehörigkeit digitaler Medien sind somit beide Studien trotz unterschiedlicher Befragungsgrundlage und Altersstruktur zu dem gleichen Ergebnis gekommen.

Ausgehend des Vergleichskriteriums „Zu- oder Abnahmetrend" ist bei beiden Studien zu beobachten, dass bei den digitalen Medien aus der gelben Kategorie in den vergangenen Jahren eine Zunahme in der Ausstattung deutscher Haushalte vorliegt. Aufgrund des Zunahmetrends liegt die Vermutung nahe, dass die Ausstattung mit den aus der gelben Kategorie stammenden digitalen Medien auch in Zukunft in den Haushalten Deutschlands ansteigen wird. Weitere Gemeinsamkeiten bzgl. des Zu- oder Abnahmetrends zwischen beiden Studien bestehen in den digitalen Medien Smartphone, Tablet, Fernseher und Radiogerät: Während ein Zunahmetrend beim Smartphone und Tablet zu beobachten ist, sind Fernseher und Radiogeräte allmählich immer weniger in den Haushalten zu finden, was für den zukünftigen Ausstattungsverlauf auf einen Abnahmetrend schließen lässt. Für die digitalen Medien Computer, DVD-Player und Spielekonsole ist jedoch kein eindeutiger Trend auf Basis dieser Studienergebnisse zu konstatieren. Während das Medium Computer/Laptop bei der JIM-Studie im Ausstattungsverlauf um 1% abnimmt, ist bei der Media Activity Guide-Studie eine kleine Zunahme von ebenfalls 1% zu beobachten. Die Ausstattung mit einem DVD-Player ist in den vergangenen Jahren nach der JIM-Studie gestiegen, wobei die Media Activity Guide-Studie eine Abnahme aufzeigt. Die Spielekonsole nimmt bei der JIM-Studie im Ausstattungsverlauf um 5% ab, während die Spielekonsole nach der Media Activity Guide-Studie um 1% zunimmt. Hinsichtlich der Zu- oder Abnahmetrends sind beide Studien einerseits zu gleichen, andererseits aber auch zu unterschiedlichen Ergebnissen gekommen.

11

3.3.2 Nutzungsgewohnheiten in deutschen Haushalten

Nachdem im vorherigen Kapitel die Medienausstattung behandelt wurde, werden nun die Nutzungsgewohnheiten in deutschen Haushalten dargelegt. Hierbei geht es um die Frage, welches digitale Medium viel, durchschnittlich oder wenig genutzt wird. In der Abbildung 3 ist die Gerätenutzung von
2014 bis 2019 auf Basis der JIM- und der Media Activity Guide-Studie skizziert und tabellarisch
aufgeführt. Die Befragungsgrundlage setzt sich bei der JIM-Studie in den Jahren 2014 bis 2019 ebenfalls aus jeweils 1200 Personen zusammen, wobei Familien mit Kindern und Jugendlichen im Alter
von zwölf bis 19 Jahren befragt wurden.[24] Bei der Media Activity Guide-Studie wurden jeweils rund
2400 Personen im Alter von 14 bis 69 Jahren im zugrunde gelegten Betrachtungszeitraum befragt.[25]

---

[24] Vgl. *mpfs*, 2020, o. S.
[25] Vgl. *SevenOne Media*, 2020, o. S.

Abbildung 3 – Gerätenutzung in deutschen Haushalte 2014 - 2019[26]

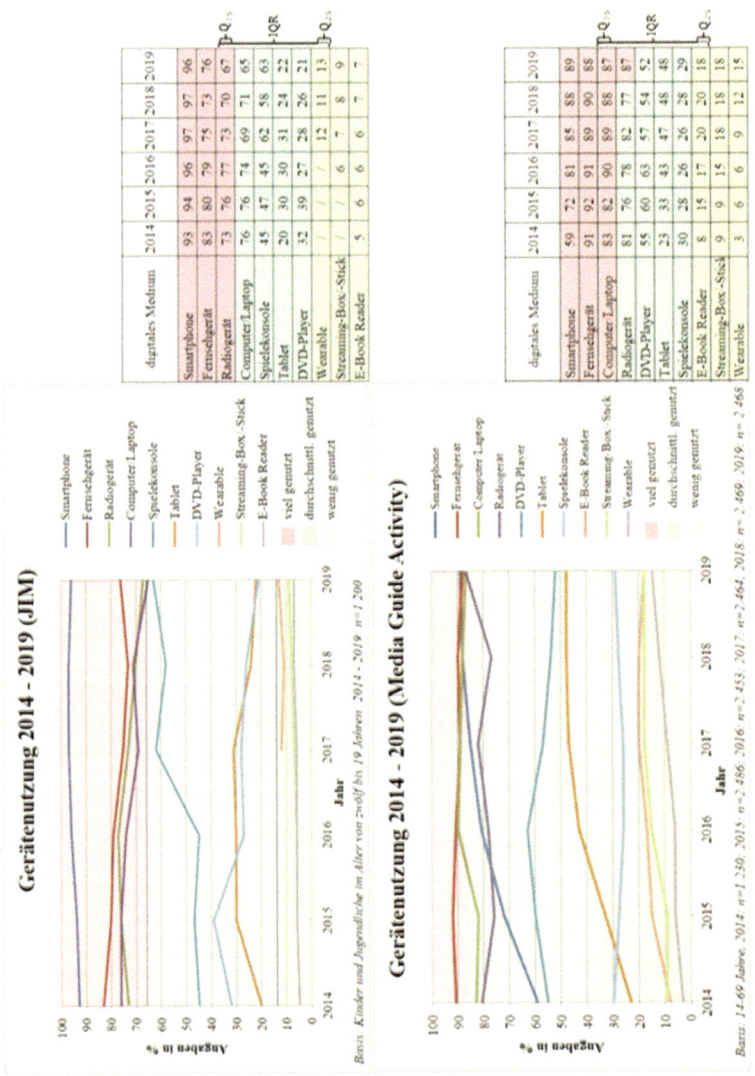

[26] Eigene Darstellung in Anlehnung an *mpfs*, 2020, o. S.; *SevenOne Media*, 2020, o. S.

Beim Vergleich der Studien zur Gerätenutzung ist folgendes Ergebnis zustande gekommen: Unter dem Aspekt der Kategoriezugehörigkeit ist zu konstatieren, dass sich alle aufgelisteten digitalen Medien bei beiden Studien in derselben Kategorie befinden, mit Ausnahme der digitalen Medien Computer/Laptop und Radiogerät. So befindet sich das digitale Medium Computer/Laptop bei der JIM-Studie in der grünen und das Radiogerät in der roten Kategorie, während die Kategoriezugehörigkeit dieser digitalen Medien bei der Media Activity Guide-Studie genau umgekehrt vorliegt. Jedoch erfolgte im Jahr 2019 für das Radiogerät in der Media Activity Guide-Studie aufgrund des Nutzungsanstiegs auf 87% ein Wechsel von der grünen in die rote Kategorie. Demnach zeigt der Vergleich beider Studienergebnisse hinsichtlich des Nutzungsverhaltens ein näherungsweise identisches Ergebnis: So werden die digitalen Medien Smartphone, Fernseher und Radiogerät nach den Ergebnissen beider Studien im Jahr 2019 am häufigsten von den befragten Personen genutzt. Der DVD-Player, das Tablet und die Spielekonsole zählen bei beiden Studien zur grünen Kategorie und werden dementsprechend durchschnittlich häufig genutzt. Die digitalen Medien E-Book-Reader, Streaming-Box/-Stick sowie tragfähige Medien (Wearable) werden nach den Ergebnissen wenig von den befragten Personen genutzt.

Ausgehend des Zu- oder Abnahmetrends von 2014 bis 2019 ist bei beiden Studien zu beobachten, dass bei den digitalen Medien aus der gelben Kategorie in den vergangenen Jahren eine Zunahme im Nutzungsverhalten deutscher Haushalte vorliegt. Aufgrund des Zunahmetrends liegt die Vermutung nahe, dass die Gerätenutzung der gelben Kategorie in den Haushalten Deutschlands auch in Zukunft ansteigen wird. Weitere Gemeinsamkeiten bzgl. des Zu- oder Abnahmetrends zwischen beiden Studien bestehen in den digitalen Medien Smartphone, Tablet, Fernseher und DVD-Player: Während ein Zunahmetrend bei der Nutzung des Smartphones und Tablets zu beobachten ist, werden Fernseher und DVD-Player allmählich immer weniger in den Haushalten genutzt, was für das zukünftige Nutzungsverhalten auf einen Abnahmetrend schließen lässt. Für die digitalen Medien Computer/Laptop, Spielekonsole und Radiogerät ist jedoch kein eindeutiger Trend auf Basis dieser Studienergebnisse zu konstatieren. Während das Medium Computer/Laptop bei der JIM-Studie im Nutzungsverlauf der letzten sechs Jahre um 11% abgenommen hat, ist bei der Media Activity Guide-Studie eine Zunahme von 4% zu beobachten. Die Nutzung einer Spielekonsole ist in den vergangenen Jahren nach der JIM-Studie um 18% gestiegen, wobei die Media Activity Guide-Studie eine kleine Abnahme von 1% aufzeigt. Das Radiogerät nimmt bei der JIM-Studie im Nutzungsverlauf um 6% ab, während das Radio nach der Media Activity Guide-Studie um 6% zunimmt.

3.4   Zwischenfazit zum Vergleich der Studienergebnisse

Beim Vergleich der Studienergebnisse zur Medienausstattung mit den Ergebnissen zur Gerätenutzung beider Studien weisen sechs von insgesamt zehn digitalen Medien trotz unterschiedlicher Befragungsgrundlage und Altersstruktur grundsätzlich den gleichen Zu- oder Abnahmetrend sowie die gleiche Kategoriezugehörigkeit auf. So gehören die digitalen Medien Smartphone und Fernsehgerät zur Grundausstattung deutscher Haushalte, da diese am häufigsten in den deutschen Haushalten vertreten sind und genutzt werden. Während beim Smartphone hinsichtlich der Ausstattung und Nutzung ein Zunahmetrend zu beobachten ist, nimmt der Fernseher in der Ausstattung und Nutzung allmählich ab. Somit kann behauptet werden, dass in einiger Zeit jeder Haushalt mit einem Smartphone ausgestattet ist und nutzt, während der Fernseher schrittweise an Bedeutung verliert. Die Haushalte hingegen sind mit einem Tablet durchschnittlich ausgestattet, welches auch durchschnittlich häufig genutzt wird. Auch hier zeichnet sich wie beim Smartphone ein Zunahmetrend ab, sodass ein Tablet zukünftig immer öfter in der Ausstattung und der damit verbundenen Nutzung zu finden sein wird und eines Tages womöglich auch zur Grundausstattung gehört. Die digitalen Medien aus der gelben Kategorie (E-Books, Streaming-Box/-Stick, tragfähige digitale Medien wie Smartwatches usw.) haben in den vergangenen sechs Jahren in den Haushalten immer mehr an Bedeutung gewonnen. So zeichnet sich bei diesen „Newcomer-Medien" ein Zunahmetrend in der Ausstattung und Gerätenutzung ab, wobei diese nach den Studien noch nicht stark in der Ausstattung sowie der Nutzung vertreten sind. Bei den restlichen vier digitalen Medien ist kein einheitlicher Trend beobachtbar, sodass für die digitalen Medien Computer/Laptop, Radiogerät, DVD-Player und Spielekonsole keine pauschalen Aussagen zum allgemeinen Medienausstattungs- und -nutzungsverhalten formuliert werden können.

4. Medien – Fluch oder Segen?

4.1 Auswirkungen von digitalen Medien auf das Lifebalance Modell

4.1.1 Beruf und Finanzen

Die Auswirkungen von digitalen Medien auf den Lebensbereich „Beruf und Finanzen" sind ambivalent. Beispielsweise kann durch die Speicherung kompromittierender Daten von beruflichen Nachteilen ausgegangen werden, da vor der Einladung zum Bewerbungsgespräch der Arbeitgeber die Profile des Bewerbers auf verschiedene soziale Plattformen wie Facebook und Instagram zur Verschaffung eines ersten Eindrucks überprüft. Die beruflichen Nachteile, wie beispielsweise die Ablehnung eines Bewerbers, sind gegeben, wenn der Bewerber u.a. unsachgemäße Inhalte veröffentlicht und eine vom Arbeitgeber nicht tolerierte Haltung besitzt. Die CareerBuilder-Umfrage zeigt in diesem Zusammenhang, dass 56% der 405 befragten Arbeitgeber die Bewerber auf sozialen Netzwerken überprüft, wobei 32% der Arbeitgeber den Bewerber aufgrund von unsachgemäßen Inhalten nicht eingestellt haben.[27] Im Gegensatz dazu ermöglichen digitale Medien einen schnellen Zugang zu Jobportalen und erleichtern damit den Zugang zu einem Arbeitsplatz. Ein erheblicher Karrierefaktor stellt auch die Möglichkeit des Networkings durch soziale Netzwerke dar, weil durch die damit verbundene Kooperation zwischen persönlichen und beruflichen Kontakten Arbeitsstellen durch Empfehlungen von potenziellen Arbeitnehmern besetzt werden können. Schließlich werden nach dem Institut für Arbeitsmarkt- und Berufsforschung (IAB) 32% aller Stellen aufgrund von persönlichen Empfehlungen besetzt.[28]

4.1.2 Familie und Bekannte

Der zweite Lebensbereich „Familie und Bekannte" wird sowohl positiv als auch negativ von den digitalen Medien beeinflusst. Wie die JIM- und die Media Activity Guide-Studie gezeigt haben, sind vor allem Smartphones und Fernseher von den untersuchten Medien stark in den Haushalten vertreten und werden von den befragten Personen am häufigsten genutzt. Durch die häufige Nutzung dieser und auch anderer digitaler Medien kann eine gewisse Distanz zum sozialen Umfeld resultieren, in dem sich der Mensch befindet. Der Grund dafür liegt darin, dass die Gesprächsführung und die physisch gemeinsam verbrachte Zeit durch das Mediennutzungsverhalten abnehmen können. Heutzutage

---

[27] Vgl. *CareerBuilder Germany,* 2015, o. S.
[28] Vgl. *IAB,* 2017, o. S.

16

ist selbst bei persönlichen Treffen mit Freunden und Familie die konsequente Smartphonenutzung bei vielen Menschen zu beobachten, was das Verhältnis zum sozialen Umfeld stört. So zeigt auch eine Studie der Universität Mainz, dass intensiver Internetkonsum die Bindungsfähigkeit Jugendlicher zu Gleichaltrigen stört.[29] Im Gegensatz dazu schaffen die digitalen Medien die Möglichkeit des permanenten digitalen Austauschs, was wiederum eine Nähe zum sozialen Umfeld ermöglicht.

4.1.3 Gesundheit und Fitness

Die digitalen Medien können folgende Auswirkungen auf den dritten Lebensbereich „Gesundheit und Fitness" haben: Eine negative Auswirkung ist die mangelnde Bewegung, die aus der häufigen Nutzung von digitalen Medien resultieren kann. Dieser Nachteil ist gegeben, wenn eine Person ihre individuelle Freizeitgestaltung lediglich auf einen digitalen Zeitvertreib wie mit online verfügbare Videos und Spiele auslegt. In diesem Zusammenhang zeigt eine WHO-Studie im Fachmagazin „The Lancet" mit weltweit 1,6 Millionen befragten Kindern und Jugendlichen im Alter von elf bis 17 Jahren, dass 81% der befragten Personen unzureichend aktiv sind.[30] Hinzu kommt auch, dass sich Stress durch die ständige Erreichbarkeit sowie eine nachteilige Körperhaltung bei der Nutzung von Smartphone, Tablet, Laptop und PC langfristig negativ auf die Gesundheit und Fitness des Menschen auswirkt. Die Zeitschrift Tagesspiegel berichtet auf Basis mehrerer ausgewerteter Studien ebenfalls, dass eine intensive Smartphonenutzung das Risiko für Skelett-Muskel-Erkrankungen erhöhen kann sowie die Schlafqualität und das Einschlafen negativ beeinflusst.[31] Im Gegensatz dazu schaffen digitale Medien die Möglichkeit der direkten Vernetzung mit Ärzten, was einen gesundheitsfördernden Lebensstil begünstigen kann.[32] Da digitale Medien der Speicherung und Distribution von Daten dienen, wirkt sich die permanente Verfügbarkeit und Nutzung von Informationen über gesunde Ernährung unterstützend auf den Wechsel von einem ungesunden zu einem gesunden Lebensstil aus.

---

[29] Vgl. hierzu und zum Folgenden *Johannes Gutenberg-Universität Mainz*, 2015, o. S.
[30] Vgl. *The Lancet*, 2019, o. S.
[31] Vgl. *Der Tagesspiegel*, 2019, o. S.
[32] Vgl. hierzu und zum Folgenden *Betz, M., Schirrmacher, L.*, 2018, S. 539.

4.1.4 Sinn und Kultur

Hinsichtlich des vierten Lebensbereichs „Sinn und Kultur" ist festzustellen, dass digitale Medien Menschen in immer früheren Lebensaltern sozialisieren.[33] So hat die tägliche Nutzung von Online-medien wie Instagram, TikTok usw. erheblichen Einfluss auf die Identitätsentwicklung von sowohl Kindern und Jugendlichen als auch Erwachsenen, da in den sozialen Medien ein Selbstbild von an-deren Personen entworfen und vermittelt wird, das von Gleichaltrigen aufgenommen und rückgemel-det wird. Durch die Rückmeldung bzw. Nachahmung der im Internet kursierenden Selbstbilder kön-nen vor allem unsichere und orientierungslose Personen überprüfen, welche entworfene und präsen-tierte Identität am besten bei den anderen Nutzern ankommt. Hieraus ergeben sich sowohl Vor- als auch Nachteile: Die inszenierte Selbstdarstellung als Ausdruck der Persönlichkeit ermöglicht es den Nutzern, sich selbst besser einschätzen zu lernen. In Abhängigkeit einer positiven oder negativen Rezension kann sich die Selbstdarstellung stärkend oder schwächend auf das eigene Selbstbild aus-wirken. Die häufige Nutzung der Onlinemedien kann jedoch auch zur Störung der Eltern-Kind-Be-ziehung führen, da durch den falschen Medienumgang seitens der Eltern dem Kind nicht genügend Aufmerksamkeit geschenkt wird. Die durch den konsequenten Medienkonsum geförderten Verhal-tensauffälligkeiten wie Wutanfälle u.ä. bei Kindern wird von der Hannoverschen Allgemeinen Zei-tung (HAZ) berichtet und von dem amerikanischen Forscher McDaniel ebenfalls bestätigt.[34] Somit besteht durch die Nutzung digitaler Medien der Verlust elterlicher Erziehungsmöglichkeiten.

4.2 Medienkompetenz als Ausweg aus dem Dilemma

Unter Medienkompetenz wird die Fähigkeit verstanden, unterschiedliche Inhalte einzuordnen und zu bewerten sowie die mit dem Medienkonsum verbundenen Konsequenzen einschätzen zu können.[35] Diese zur Medienkompetenz befähigenden Voraussetzungen sind für einen verantwortungsbewuss-ten, kritischen und kreativen Umgang mit digitalen Medien entscheidend, da lediglich das selbstkri-tische Mediennutzungsverhalten einen nutzenbringenden Medienumgang gewährleistet. Zur Erlan-gung von Medienkompetenz ist es wichtig, junge Mediennutzer wie Kinder und Jugendliche im Zuge

---

[33] Vgl. hierzu und zum Folgenden *Eichenberg, C., Auersperg, F.*, 2018, S. 35 ff.
[34] Vgl. *HAZ*, 2018, o. S.; *McDaniel, B.*, 2017, o. S.
[35] Vgl. hierzu und zum Folgenden *Gaenge, J.*, 2015, S. 14 – 16.

der Sozialisierung bereits in der Schule mit den Chancen und Risiken digitaler Medien zu sensibilisieren.[36] Zudem übernehmen Kinder und Jugendliche die ersten Medienerfahrungen aus den Medienumgang der Eltern, sodass auch das familiäre Umfeld zu einem richtigen Medienumgang beitragen kann.[37] Daher sind auch Eltern dazu angehalten, ihren Umgang mit digitalen Medien kritisch zu hinterfragen, um ein richtiges Mediennutzungsverhalten vorzuleben sowie sich selber vor den Gefahren und Risiken zu schützen.

5. Fazit und Ausblick

Die vorliegende Seminararbeit stellt die Auswirkungen digitaler Medien auf verschiedene Lebensbereiche des Menschen dar. Die Relevanz und theoretischen Aspekte dieses Themas wurden folglich erörtert sowie praktisch an den zwei voneinander unabhängig durchgeführten Langzeitstudien dargestellt. In diesem Zusammenhang ist auf die anfangs gestellte Leitfrage, welche Lebensbereiche eines Menschen wie durch digitale Medien beeinflusst werden, folgendes Forschungsergebnis zustande gekommen: Die Seminararbeit hat veranschaulicht, dass digitale Medien alle Lebensbereiche gemäß des Lifebalance Modells von Dr. Peseschkian beeinflusst, sodass digitale Medien aufgrund der Allgegenwärtigkeit im Leben des Menschen nicht mehr wegzudenken sind. Die Auswirkungen digitaler Medien auf die genannten Lebensbereiche des Menschen können sowohl positive als auch negative Züge mit sich bringen, wobei das Nutzen- oder Gefährdungspotenzial von der Medienkompetenz des Nutzers abhängig ist. In diesem Zusammenhang ist bezüglich der zweiten Forschungsfrage, ob digitale Medien ein Fluch oder Segen sind, folgendes Forschungsergebnis zustande gekommen: Digitale Medien sind Fluch und Segen zugleich, da das Nutzen- oder Gefährdungspotenzial digitaler Medien von der Medienkompetenz des Nutzers abhängig ist. Mit Medienkompetenz ist es jedoch möglich, diesen Widerspruch zu kompensieren. Deshalb ist eine eigenständige Reflexion des eigenen Medienverhaltens notwendig.

---

[36] Vgl. *Grampp, S.*, 2016, S. 128.
[37] Vgl. *Eichenberg, C., Auersperg, F.*, 2018, S. 66 ff.

6. Literaturverzeichnis

Bak, P.M. (2020): Die neue Macht der Konsumenten, 1. Aufl., Springer Fachmedien Wiesbaden GmbH, 2020

Betz, Manfred/Schirrmacher, Lars (2018): Prävention und Gesundheitsfürderung bei Schichtarbeitern; in: *Pfannstiel, Mario A. / Mehlich, Harald* (Hrsg.), BGM – Ein Erfolgsfaktor für Unternehmen: Lösungen, Beispiele, Handlungsanleitungen, 1. Aufl., Springer Fachmedien Wiesbaden GmbH, 2018

Bergmann, B. (2019): Verändertes Mediennutzungsverhalten; in: *Erner, Michael* (Hrsg.), Management 4.0 – Unternehmensführung im digitalen Zeitalter, 1. Aufl., Springer Berlin Heidelberg, S. 305, 2019

Brecher, Timo / Kammerhofer, Sabine / Rast, Severin (2016): IT-Grundschutz in großen Institutionen – Herausforderungen und Lösungsstrategien; in: *Meier, Michael / Reinhardt, Delphine / Wendzel, Steffen* (Hrsg.), Sicherheit 2016: Sicherheit, Schutz und Zuverlässigkeit, 8. Aufl., Bonn: Gesellschaft für Informatik, S. 161-170, 2016

*Dreiskämpfer, Thomas (*2018*)*: Grundfragen der Medienbetriebslehre : BWL für Medien- und Kommunikationsmanager, 1. Aufl., Berlin : De Gruyter Oldenbourg, 2018

Eichenberg, Christiane / Auersperg, Felicitas (2018): Chancen und Risiken digitaler Medien für Kinder und Jugendliche: ein Ratgeber für Eltern und Pädagogen, 1. Aufl., Göttingen: Hogrefe, 2018

Gaenge, Julia (2015): Medienkompetenz in der Schule: Veränderungen und Chancen von interaktiven Whiteboards im Unterricht, 1. Aufl., Hamburg Diplomica Verlag, 2015

Garncarz, Jospeh (2016): Medienwandel, 1. Aufl., Konstanz: UVK Verlagsgesellschaft mbH – München, 2016

Grampp, Sven (2016): Medienwissenschaft, 1. Aufl., UVK Verlagsgesellschaft mbH - München: UVK/Lucius, 2016

Hagendorff, Thilo (2016): Open Data; in: *Heesen, Jessica* (Hrsg.), Handbuch Medien- und Informationsethik, 1. Aufl., Stuttgart: J.B. Metzler Verlag, 2016

Hauk, Dennis (2016): Digitale Medien in der politischen Bildung : Anforderungen und Zugänge an das Politik-Verstehen im 21. Jahrhundert, 1. Aufl., Springer Fachmedien Wiesbaden GmbH, 2016

Krotz, Friedrich (2019): Sich wandelnde Praktiken der Nutzung von Medien der interpersonalen Kommunikation und deren Bedeutung für deren Bedeutung für das Zusammenleben der Menschen; in: *Linke, Christine* (Hrsg.) / *Schlote, Isabel* (Hrsg.), Soziales Medienhandeln: integrative Perspektiven auf den Wandel mediatisierter interpersonaler Kommunikation, 1. Aufl., Wiesbaden: Springer VS, 2019

Kosfeld, Reinhold (2018): Klausurtraining Deskriptive und Induktive Statistik, 2. Aufl., Wiesbaden: Springer Fachmedien Wiesbaden, 2018

Kosfeld, Reinhold / Eckey, Hans-Friedrich / Türck, Matthias (2016): Deskriptive Statistik: Grundlagen - Methoden - Beispiele – Aufgaben, 6. Aufl., Springer Fachmedien Wiesbaden, 2016

Langer, Elle (2020): Medieninnovationen AR und VR: Erfolgsfaktoren für die Entwicklung von Experiences, 1. Aufl., Springer Berlin Heidelberg, 2020

Lünendonk, Jonas / Zillmann, Mario (2015): Öffentliche Verwaltung – Im Spannungsfeld wachsender Aufgaben, knapper Mittel und Digitalisierung, 1. Aufl., Lünendonk GmbH Kaufbeuren, 2015

Maehner, Jan (2012): Unified Communications: Entscheidungsgrundlagen für IT-Controller und IT, 1. Aufl., Hamburg: Diplomica Verlag, 2012

Peseschkian, Hamid / Remmers, A. (2020): The Concept of Balance; in: *Messias, Erick / Peseschkian, Hamid / Cagande, Consuelo* (Hrsg.), Positive Psychiatry, Psychotherapy and Psychology: Clinical Applications, 1. Aufl., Cham: Springer International Publishing, 2020

Richter, Stephan Daniel / Schindler, Wolfgang (2018): „Schreiben befreit" – Asynchrones textbasiertes Online-Coaching; in: *Heller, Jutta / Triebel, Claas / Hauser, Bernhard / Koch, Axel* (Hrsg.), Digitale Medien im Coaching: Grundlagen und Praxiswissen zu Coaching-Plattformen und digitalen Coaching-Formaten, 1. Aufl., Berlin: Springer, 2018

Schaumburg, Heike / Prasse, Doreen (2019): Medien und Schule, 1. Aufl., Bad Heilbrunn: Verlag Julius Klinkhardt, 2019

Siemers, Christian / Sikora, Axel (2014): Taschenbuch Digitaltechnik, 1. Aufl., München: Carl Hanser Verlag, 2014

Simon, Michael (2017): Das Gesundheitssystem in Deutschland: Eine Einführung in Struktur und Funktionsweise, 6. Aufl., Bern: Hogrefe Verlag, 2017

Völkl, Kerstin / Korb, Christoph (2018): Deskriptive Statistik : Eine Einführung für Politikwissenschaftlerinnen und Politikwissenschaftler, 1. Aufl., Wiesbaden: Springer Fachmedien Wiesbaden, 2018

Wendt, Kathi (2015): Expect the Expected. Stereotype - so entstehen sie, selten gehen sie: Deutsche Stereotypen in den USA, 1. Aufl., Hamburg: Diplomica Verlag, 2015

Internetquellen

CareerBuilder Germany (2015): CareerBuilder-Umfrage: Mehr als die Hälfte der Arbeitgeber überprüfen die Social-Media-Profile von Bewerbern, <https://arbeitgeber.careerbuilder.de/news/arbeitgeber-ueberpruefen-social-media-profile-von-bewerbern> (2015) [Zugriff: 06.07.2020]

Der Tagesspiegel (2019): Wie verändert uns das Smartphone? <https://www.tagesspiegel.de/gesellschaft/panorama/staendig-online-wie-veraendert-uns-das-smartphone-/24483766.html> (2019) [Zugriff: 06.07.2019]

HAZ (2018): Smartphone stört Eltern-Kind-Beziehung, < https://www.haz.de/Nachrichten/Wissen/Uebersicht/Smartphone-stoert-Eltern-Kind-Beziehung> (2018) [Zugriff: 06.07.2020]

IAB (2017): Jede dritte Stelle wird über persönliche Kontakte besetzt, <https://www.iab.de/de/informationsservice/presse/presseinformationen/kb1817.aspx> (2017) [06.07.2020]

Johannes Gutenberg-Universität Mainz (2015): Intensiver Internetkonsum stört Bindungsfähigkeit Jugendlicher zu Gleichaltrigen, <https://www.unimainz.de/presse/64212.php> (2015) [Zugriff: 06.07.2020]

McDaniel, Brandon (2017): Technoference in Parenting: Is Your Mobile Device Distracting You From Your Child? < https://ifstudies.org/blog/technoference-in-parenting-is-your-mobile-device-distracting-you-from-your-child > (2017) [Zugriff: 06.07.2020]

mpfs (2020): JIM-Studie, <https://www.mpfs.de/studien/?tab=tab-18-1> (2020) [Zugriff: 19.06.2020]

SevenOne Media (2020): Media Activity Guide, https://www.sevenonemedia.de/research/mediennutzung/media-activity-guide (2020) [Zugriff: 19.06.2020]

The Lancet (2019): Global trends in insufficient physical activity among adolescents: a pooled analysis of 298 population-based surveys with 1.6 million participants < https://www.thelancet.com/journals/lanchi/article/PIIS2352-4642(19)30323-2/fulltext#seccestitle10> [Zugriff: 06.07.2020]

BEI GRIN MACHT SICH IHR WISSEN BEZAHLT

- Wir veröffentlichen Ihre Hausarbeit,
  Bachelor- und Masterarbeit

- Ihr eigenes eBook und Buch -
  weltweit in allen wichtigen Shops

- Verdienen Sie an jedem Verkauf

Jetzt bei www.GRIN.com hochladen und kostenlos publizieren